FC Knuffel gaat nooit verloren

Koos Meinderts
FC Knuffel gaat nooit verloren

tekeningen van
Annette Fienieg

Zwijsen

◯✓ 5

Boeken met dit vignet zijn op niveaubepaling geregistreerd
en gecontroleerd door KPC Groep te 's-Hertogenbosch.

0 1 2 3 4 5 / 07 06 05 04 03

ISBN 90.276.4816.6
NUR 282

© 2003 Tekst: Koos Meinderts
Illustraties: Annette Fienieg
Uitgeverij Zwijsen Algemeen B.V. Tilburg

Voor België:
Zwijsen-Infoboek, Meerhout
D/2003/1919/55

STICHTING NEDERLANDSE
KINDERJURY
2004

Inhoud

Hus gaat mee

Rik moet opschieten.
Over een uur vertrekt de bus.
En hij moet nog beginnen met inpakken.
Hij moet ook altijd alles zelf doen!
Wat moet er allemaal mee?
Hij pakt de brief van Gijs erbij.
Gijs is de leider van zijn elftal.
Gijs is ook de vader van Tom, de keeper.
Rik begint te lezen.

Sportvrienden!
Zaterdag is het zover!
Dan gaan we met de bus naar Utrecht.
Voor een tweedaags toernooi bij UVV.
We overnachten in de jeugdherberg.
GDA zorgt voor broekjes, shirtjes en kousen.
Wat moet je zelf meenemen?
slaapzak
pyjama
zaklantaarn
twee handdoeken

zeep, shampoo
tandenborstel en tandpasta
trainingspak
sportschoenen
voetbalschoenen (!!!)
scheenbeschermers
gewone kleding (broek, T-shirt, ondergoed)
dikke trui (voor 's avonds!)
regenkleding (laten we hopen voor niks)
medicijnen (indien nodig)
en tot slot: je goeie humeur!

We vertrekken om 08.00 uur precies.
Dus wees op tijd!
Tot zaterdag!
Gijs

Rik pakt de grote weekendtas.
Daar moet alles wel in kunnen.
Als eerste doet hij zijn voetbalschoenen in
de tas.
Die zijn het belangrijkst.
Hij streept het woord 'voetbalschoenen'
door.

Slim, vindt Rik.

Zo kan hij niets vergeten.

Hij gaat verder met inpakken.

In een kwartier is hij klaar.

Hoewel?

Moet Hus niet mee?

Hus is de knuffel van Rik.

Rik heeft Hus al vanaf zijn geboorte.

Van alle knuffels is Hus de liefste.

Natuurlijk moet Hus mee.

Hus gaat altijd mee.

Rik ritst de tas open.

Hij pakt Hus.

'Moet je luisteren, Hus.

Ik ga naar Utrecht, met de bus.

En jij mag mee.

We gaan naar UVV.

Dat is een voetbalclub.

Net als mijn club, GDA.

We spelen een toernooi bij UVV in Utrecht.

We overnachten in een jeugdherberg.

Ik heb er een foto van gezien.

Het is een heel mooi gebouw.

Het ligt in een bos, vlak bij een rivier.

En vlak bij een pannenkoekenhuis.
Leuk hè?'
Rik geeft Hus een kus.
'Ga maar lekker slapen, Hus.
In Utrecht maak ik je weer wakker.'
Hij stopt Hus in de tas, boven op zijn trui.
Hij ritst de tas weer dicht.
Hij tilt de tas op.
Maar zet hem meteen weer neer.
Zou hij Hus wel meenemen?
Is hij niet te groot voor een knuffel?
Zullen ze hem niet uitlachen?
Of ermee pesten?
'Moet je kijken, jongens.
Rik heeft zijn knuffel bij zich.
Kun je anders niet slapen, Rikkie?'
Rik ritst de tas weer open.
Hij haalt Hus eruit.
'Moet je luisteren, Hus.
Je mag wel mee.
Daar gaat het niet om.
Maar het is beter dat jij hier blijft.
In je eentje, zonder mij.
Nee, dat is niet eng.

Dat kun je best.
Je bent toch al groot?
Je bent net zo oud als ik.
Acht jaar!'
Rik kijkt Hus aan.
Hus is boos, lijkt wel.
'Je laat me in de steek, Rik!
Je schaamt je voor me!'
Rik aarzelt.
Wat zal hij doen?
Hus meenemen of niet?
Rik kan maar niet beslissen.
Ja …
Nee …
Weet niet.
Ja, want Rik kan niet zonder Hus.
Nee, want echte voetballers hebben geen
knuffels.
'Ben je nou nog niet klaar met pakken?'
Rik draait zich om.
Het is zijn vader.
'Ja, nee, weet niet,' zegt Rik.
'Wat is dat nu voor antwoord?' zegt papa.
'Had jij vroeger een knuffel, pap?'

'Had ik niet nodig.

Ik had je moeder toch?'

O nee, krijgen we dat verhaal weer.

Het verhaal van de zandbak.

En ja hoor, daar gaat zijn vader.

'Weet je hoelang ik je moeder al ken?

Vier jaar was ik.

Je moeder was drie.

Ze bakte taartjes in de zandbak.

Alleen voor mij.

Het was in de zomer van 1968.

Weet je hoe lang dat geleden is?

En ze kookt nog steeds voor me.

Als dat geen liefde is!'

'Jij kunt ook nooit eens gewoon doen!' zegt Rik.

Papa slaat een arm om Rik.

'Wat is dat?

Hoor ik dat goed?

Heb je kritiek op het vaderschap?

Doe ik het fout?'

'Ja,' zegt Rik.

'Een goeie vader helpt zijn zoon.'

'Zeg het maar,' zegt papa.

'Waarmee moet ik je helpen?'
'Laat maar,' zegt Rik.
'Jij weet toch niks van knuffels.'
'Maar alles van jongens van acht!
Die moeten stoer zijn.
Zeker als ze onder vrienden zijn.
En helemaal als die vrienden voetballers
zijn.
Dan kun je niet aankomen met een knuffel.
Knuffels zijn voor watjes.
Niet voor stoere voetballers.
Knuffels gaan dus niet mee naar het voetbal.
Heb ik gelijk of niet?
Maar weet je wat goeie vaders dan zeggen?
Die zeggen dit tegen hun stoere
voetbalzoons.
Stop je knuffel onder in je tas.
Niemand van je stoere vrienden die het ziet.
Maar jij weet dat hij bij je is.
Dat je hem met één hand uit de tas kunt
vissen.
Vanavond als je heimwee hebt.
Heimwee naar je lieve papseflap.
Dan sluit je Hus in je armen.

En je voelt je weer helemaal thuis.'
Papa pakt Hus bij zijn oor.
Namens Rik doet hij hem onder in de tas.
Onder een handdoek.
Het ja, nee en weet niet is voorbij.
Hus gaat mee!

Gekke dolle apen

Rik zit voor in de bus.
Net achter de chauffeur.
Naast hem bij het raam zit Tom.
Boven hem in het bagagerek ligt Hus.
Veilig in de tas verstopt.
Dankzij 'papseflap'.
'We zijn bij Zoetermeer,' zegt Tom.
Hij wijst Rik op de Nutricia-fabriek.
'Mijn vader heeft daar nog gewerkt,' zegt
Rik.
'Heel lang geleden, hoor.
En alleen in de vakanties.
Hij werkte bij de babyvoeding.
Je weet wel, in van die kleine glazen potjes.'
Tom knikt.
'Mijn kleine zusje eet het ook,' zegt hij.
'Ik heb het laatst eens geproefd.
Wat een goor spul, zeg!'
'Weet je hoe dat komt?' zegt Rik.
'Ze spugen erin!'
'Wie?'

'Die mensen van de fabriek.
Dat heeft mijn vader verteld.
Er heeft zelfs een keer iemand in gepist.
Maar dat geloof ik niet.
Jij?'
'Tuurlijk niet.'
Rik en Tom zwijgen.
De andere jongens in de bus zijn ook stil.
Veel te stil naar de zin van Gijs.
Hij buigt opzij naar de chauffeur.
'Mag ik?' vraagt hij.
Hij wijst op de microfoon.
'Leef je maar uit,' zegt de chauffeur.
Gijs neemt de microfoon in zijn hand.
'Hallo, hallo!
Wie stinkt daar zo?'
Hij roept het veel te hard.
De microfoon begin meteen te piepen.
'Ik ben er niet,' zegt Tom.
Gijs is zijn vader.
Tom zit niet op zijn grappen te wachten.
Rik wel.
Rik vindt Gijs geweldig.
De andere jongens ook.

Iedereen kijkt naar de leider.
'Ik vind jullie zo stil!' roept Gijs.
'Gevaarlijk stil.
Straks valt de chauffeur nog in slaap.'
'Zal ik een liedje zingen?' roept Sjaak.
Sjaak is de spits van het elftal.
Hij is ook topscorer.
Hij heeft een keer in één wedstrijd zeven
doelpunten gemaakt.
Sjaak rent naar voren.
Gijs geeft hem de microfoon.
Sjaak begint te zingen.
'Olé, olé, olé, olé!' zingt hij.
'Goeie tekst,' roept Ruben.
'Zelf bedacht, Sjaak?'
Met Ruben kun je lachen.
Hij heeft heel droge humor.
'Verzin dan zelf wat,' roept Sjaak.
Sjaak wordt gauw boos.
Dat hoort wel bij een spits.
'Ik zing wel iets,' zegt Gijs vlug.
Hij heeft geen zin in ruzie.
'Het clublied!
Zingen jullie mee?'

Gijs telt af en begint te zingen.
En heel de bus zingt mee.

GDA!
Dat eigenwijze cluppie
in het hart van Madestein.
GDA!
Waar wij gekke dolle apen
juichen langs de lijn.
GDA !
Waar we met zijn allen en de ballen
één familie zijn.
Van senior tot veteraan,
Van de Effies tot de A.
Jong en oud schiet uit zijn slof voor GDA.

Gijs heeft het lied gemaakt.
Toen GDA tachtig jaar bestond.
'Waar slaat dat gekke dolle apen op?' vraagt
Rik.
'Op ons,' zegt Tom.
Tom weet alles van GDA.
Hij komt uit een echte GDA-familie.
Zijn opa heeft jaren in het eerste gespeeld.

'Op ons?' vraagt Rik.

'Op GDA,' zegt Tom.

'Gekke Dolle Apen, snap je!'

'Betekent GDA dat écht?'

'Nee, tuurlijk niet.

Zo werden we vroeger genoemd, door de tegenstander.'

'Wat betekent GDA dan in het echt?'

'Gabriel Del Addolorata.'

'Waar slaat dat op?'

'Weet ik ook niet,' zegt Tom.

'Het is iets katholieks.'

'GDA ...,' zegt Rik.

Hij denkt na.

Wat zou GDA nog meer kunnen betekenen?

De bus brult nog één keer het refrein.

Dan is het stil.

'GDA!' roept Rik hardop.

Iedereen kijkt naar hem.

'Goed Door Aanvallen!' zegt hij.

'Een applausje voor Rik!' roept Tom.

Rik staat op en maakt een buiging.

Gijs weet er ook een.

'Gewoon De Allerbeste!'

Iedereen verzint mee.
'Goeie Doelpunten Allemaal!'
'Groter Dan Anderen!'
Ruben weet het nog mooier.
Hij gaat op de bank staan.
'G punt D punt A punt doelpunt!' roept hij.
Iedereen roept en klapt en juicht.
Als een bus vol gekke dolle apen.

Een echte GDA-er

De bus rijdt een boslaan in.
'We zijn er,' zegt Rik.
Hij herkent de jeugdherberg van de foto.
Het is een oud gebouw.
Vroeger was het een landgoed.
Iedereen stapt uit.
'Over een half uur verzamelen,' zegt Gijs.
'In trainingspak.'
'Waar is het pannenkoekenhuis?' vraagt
Bart.
Bart is laatste man in het elftal.
Hij is groot voor zijn leeftijd.
En hij is aan de dikke kant.
Eten is zijn grootste hobby.
Hij heeft altijd wel iets in zijn mond.
Rik loopt de jeugdherberg in.
Hij botst bijna tegen een man op.
De man draagt een korte broek.
In zijn hand heeft hij een wandelstok.
Hij draagt een zware rugzak.
En heeft een grijze baard.

'Is hij niet te oud voor een jeugdherberg?'
zegt Ruben.
Gijs loopt naar de balie.
Achter de balie zit een meisje.
'Jullie zijn vast de jongens van GDA,' zegt
ze.
'Je mag nooit meer raden,' zegt Gijs.
Het meisje geeft hem een sleutel.
'De trap op en meteen rechts.
De grote slaapzaal.
Die is helemaal alleen voor jullie.'
Gijs gaat zijn elftal voor, de trap op.
Boven zoekt iedereen een bed uit.
Rik gaat met Tom in een stapelbed.
'Boven of onder?' vraagt Tom.
'Ik ga wel onder,' zegt Rik.
Hij zet zijn tas op de grond.
Hij ritst hem open.
Hij voelt met zijn hand in de tas.
Hus is er nog.
Zal hij hem er niet gewoon uithalen?
En op bed leggen?
Op het kussen en onder het dekbed?
Dat hij net met zijn koppie erbovenuit

steekt?

Net als thuis?

Nee, hij doet het niet.

Het bed naast hen is van Ruben en Bart.

Ze maken ruzie over wie waar mag liggen.

Bart wil per se boven.

Maar dat wil Ruben niet.

'Jij boven?' zegt hij.

'Met die dikke kont van je?

Niks ervan.

Straks zak je erdoor.

En dan val je boven op me.

Dat overleef ik niet!'

'Ik ben helemaal niet dik,' zegt Bart.

'Ik heb alleen zware botten!'

Gijs komt erbij.

'Problemen?' vraagt hij.

'Bart wil me dood,' zegt Ruben.

'Hoe kom je daar nu bij?' zegt Bart.

'Ik wil alleen het bovenste bed!'

'Dat bedoel ik,' zegt Ruben.

'Hoe lossen we dit nu op?' vraagt Gijs.

Ruben en Bart kijken elkaar aan.

'Jullie willen dus allebei boven?' zegt Gijs.

'Ja,' zeggen Ruben en Bart.

'Dan gaan jullie toch allebei boven!'

'Naast elkaar?' zegt Ruben.

'Het bed is groot genoeg,' zegt Gijs.

'Ik geloof dat ik toch liever onder lig,' zegt Ruben.

'Mooi,' zegt Gijs.

'Dan is dat ook weer opgelost.

En nu opschieten.

Over een half uur moeten we weg.

Anders missen we de eerste wedstrijd.'

Rik is al klaar.

Hij heeft zijn trainingsbroek aan.

Om zijn nek draagt hij zijn voetbalschoenen.

Hij loopt langs de andere bedden.

Hij kijkt wie waar ligt.

En wie er een knuffel bij zich heeft.

Niemand dus.

Nergens ligt er een knuffel in bed.

Goed dat hij Hus niet heeft uitgepakt.

Hij loopt de trap af naar beneden.

Het meisje van de balie zegt hem gedag.

'Succes met voetballen,' zegt ze.

'Bedankt,' zegt Rik.

De eerste spelers zitten al in de bus.

Sjaak de spits, natuurlijk.

En Tom en Ruben.

Rik stapt ook in.

Hij gaat op zijn oude plek zitten.

Naast Tom, achter de chauffeur.

Gijs staat buiten, bij de deur.

'Is iedereen er?' vraagt hij na een poosje.

De chauffeur start de bus.

'Bart!' roept Rik.

'Bart is er nog niet.'

'Weet iemand waar hij uithangt?' vraagt
Gijs.

'Jij, Ruben?'

'Ik denk dat hij door het bed is gezakt.

En dat hij nu klem zit!'

'Leuk, Ruben,' zegt Gijs.

'Maar niet heus.'

Hij loopt naar de chauffeur.

'Mag ik even gebruikmaken van de toeter?'
vraagt hij.

'Toeter maar raak,' zegt de chauffeur.

Gijs drukt met zijn volle gewicht op de
toeter.

Het heeft succes.
Daar komt Bart aangehold.
Zijn wangen staan bol.
In zijn hand houdt hij een opgerolde
pannenkoek.
'Het is toch niet te geloven!' zegt Gijs.
'Wat ben jij er toch voor een!'
Dat weet Ruben wel.
'Bart is een echte GDA-er!
Een Grote Dikke Alleseter!'

Pannenkoeken-power!

Het elftal van Rik staat op het veld.
Ze spelen de eerste wedstrijd, tegen UVV.
UVV bestaat honderd jaar.
Daarom is nu het toernooi.
Tom staat in het doel.
Rik schiet hem in.
Over de velden klinkt muziek.
Het is het eeuwlied van UVV:

UVV me cluppie
In de kleuren rood en wit.
De club waar pit in zit.
Zo oud en nog zo fit.
Kampioen in vriendschap.
Met zijn allen bij elkaar.
UVV bestaat al honderd jaar!

'Bijna net zo mooi als ons clublied,' zegt
Ruben.
Sjaak begint meteen te zingen.
'GDA!

Dat eigenwijze cluppie …'
'Stil eens,' zegt Gijs.
'Dan maak ik de opstelling bekend.'
'Eerst een aanvoerder aanwijzen,' zegt
Sjaak.
Donald is hun aanvoerder.
Maar Donald is niet mee.
Hij moest naar een feest van zijn oma.
Wat had hij er de pest in.
'Wil niemand aanvoerder zijn?' vraagt
Sjaak.
'Dan wil ik wel, oké?'
Maar dat gaat Gijs te snel.
Hij heeft een ander idee.
'Mag ik de bal even, Rik?' vraagt hij.
'Vangen,' zegt Rik.
Hij lepelt de bal in de handen van Gijs.
'Kom er even allemaal bij, jongens,' zegt
Gijs.
'Jullie gaan om de beurt schieten.
Zo hoog mogelijk.
Wie de bal het hoogst schopt …'
'… is aanvoerder,' vult Tom aan.
'Precies,' zegt Gijs.

33

'Begin jij, Ruben?'
Ruben pakt de bal.
Hij schiet hem omhoog.
Ruben is niet tevreden.
Hij kan veel hoger.
Nu is Rik aan de beurt.
Rik raakt de bal midden op zijn schoen.
Heel lang blijft Riks schot het hoogst.
Maar dan komt Bart.
Bart is dik, maar ook groot en sterk.
Hij geeft de bal een poeier.
De bal schiet rakelings langs een duif.
'Dat lijkt me duidelijk!' zegt Gijs.
'Bart is aanvoerder.'
'Pannenkoeken-power!' juicht Bart.

Kroketten-power

Bart geeft de scheidsrechter een hand.
Ook de aanvoerder van UVV krijgt een hand.
Bart geeft hem ook een GDA-vaantje.
Op het vaantje staat het wapen van Loosduinen, de plaats waar GDA vandaan komt.
Drie gouden driehoekjes op een blauw veld.
Ze stellen drie losse duinen voor.
De scheidsrechter fluit voor het begin.
UVV trapt af.
'Prettige wedstrijd!' klinkt het van beide kanten.
Rik doet de eerste helft niet mee.
Hij staat wissel.
Iedereen moet een keer wissel staan.
Dat weet Rik ook wel.
Toch vindt hij het jammer.
In de eerste helft wordt er niet gescoord.
UVV lijkt iets sterker.
Maar ze hebben geen geluk.

Eén keer schieten ze op de paal.

En één keer staat Bart in de weg.

Bart speelt goed, vindt Rik.

Hij voetbalt beter dan anders.

Misschien wel omdat hij aanvoerder is.

In de tweede helft komt Rik er in.

Hij neemt de plaats in van Sjaak.

Die is het er niet mee eens.

'Waarom moet ik eruit?' zegt hij.

'Speel ik niet goed soms?'

'Daar gaat het niet om,' zegt Gijs.

'Maar we zijn met vijftien man.

En er mogen er maar elf meedoen.'

Sjaak gaat boos langs de zijlijn zitten.

'Wedden dat we verliezen!' zegt hij.

Maar daar vergist hij zich in.

De wedstrijd eindigt in een gelijkspel.

2-2.

Rik heeft geen doelpunt gemaakt.

Maar hij heeft wel allebei de voorzetten
gegeven.

'Goed gespeeld, Rik,' zegt Tom.

Hij legt een arm om Rik.

'En jij hebt goed gekeept!'

Gijs is dik tevreden met het gelijke spel.
Hij tipt UVV als grote kanshebber voor de beker.
De bekers staan op een tafel in de kantine.
Drie bekers zijn er te winnen.
Maar het gaat om de grootste.
De beker voor de eerste plaats.
Rik en Tom nemen een kijkje.
'Wat een joekel!' zegt Rik.
Naast de drie bekers staat ook een bronzen bal.
Die is voor het sportiefste elftal.
'Die hoef ik niet,' zegt Tom.
'Die prijs gaat altijd naar het slechtste elftal.'
Rik en Tom gaan weer naar het veld.
De tweede wedstrijd is tegen Kampong.
Nu mag Rik een hele wedstrijd meedoen.
Sjaak staat ook in de basis.
'Ik ga er drie maken,' zegt hij.
'Daar hou ik je aan,' zegt Gijs.
'Als het maar niet in eigen doel is,' zegt Ruben.
'Wat zijn we weer leuk!'
Sjaak krijgt bijna gelijk.

Hij maakt twee doelpunten.

Bart maakt er één.

Het is een schot van een afstand.

De bal raakt de onderkant van de lat.

'Dat zijn de mooiste!' zegt Gijs.

'Kroketten-power,' zegt Bart.

'Wat?' zegt Gijs.

'Heb je tussen de wedstrijden in kroketten staan eten?'

'Het waren er maar twee,' zegt Bart.

'Nu ja … drie,' geeft hij toe.

'Net zoveel als we hebben gescoord!' zegt Rik.

Daar heeft Gijs niet van terug.

Waar is Hus?

Het elftal van Rik is weer bij de
jeugdherberg.
De eerste dag van het toernooi zit erop.
Ze hebben het goed gedaan.
GDA heeft maar één keer verloren.
Van Hercules.
Heel lang stonden ze met 2-1 voor.
Vijf minuten voor tijd maakte Hercules
gelijk.
Een gelijkspel was verdiend geweest.
Toen kwam de laatste minuut.
De spits van Hercules kreeg een opgelegde
kans.
Hij faalde niet en maakte 3-2.
Tom heeft er nog steeds de pest in.
'Het doelpunt was mijn schuld!
Het was een heel sloom schot.
Ik had hem moeten hebben.
Dan was het gelijk gebleven.
Dan hadden we een punt gehad.
En stonden we nu bovenaan.'

Rik probeert hem te troosten.

'Je kon er niks aan doen,' zegt hij.

'Het was wel geen hard schot.

Maar wel zuiver geplaatst.

Precies in de hoek.

De bal scheerde langs de paal.

Daar kan geen keeper bij.'

'Toch had ik hem moeten hebben,' houdt
Tom vol.

Ze lopen naar het grasveld.

Er is met linten een speelveld afgezet.

Sjaak en Ruben spelen tennisvoetbal.

'Doen jullie mee?' vraagt Sjaak.

'Jij bent bij mij, Rik.

Tom gaat bij Ruben.'

'Wat zijn de regels?' vraagt Tom.

'Heel simpel,' zegt Ruben.

'De bal moet over het net.

Hij moet binnen het vak.

En hij mag maar één keer stuiten.'

'Wij beginnen,' zegt Sjaak.

Hij legt de bal achter de lijn.

Hij wipt hem over het net.

De bal stuit en Tom schopt hem terug.

De bal komt tegen het net.

'1-0 voor ons,' zegt Sjaak.

'Tot de hoeveel gaan we?' vraagt Rik.

'Tot de 10,' zegt Ruben.

'Dat halen we, denk ik, net.

Over een kwartiertje gaan we naar het

pannenkoekenhuis.'

Rik vindt het een moeilijk spel.

Er zitten kuilen in het veld.

En er zijn mollen aan het graven.

De bal stuit alle kanten op.

Sjaak weet er wel raad mee.

Hij heeft een gave techniek.

Rik is minder technisch begaafd.

Maar hij is weer heel snel.

Daarmee kan hij veel ballen redden.

Tom en Ruben zijn geen partij.

Sjaak en Rik staan algauw met 7-1 voor.

'Nog drie punten, Rik!' zegt Sjaak.

'Dan hebben we gewonnen.'

Tom brengt de bal weer in het spel.

'Voor jou!' zegt Sjaak tegen Rik.

Het is een moeilijke bal.

Hij landt op de achterlijn.

Rik is er snel bij.

Hij geeft de bal een omhaal.

'Klasse, Rik!' roept Sjaak.

'Au!' roept Rik.

Rik valt op de grond.

Hij grijpt naar zijn enkel.

Hij is in een kuil gestapt.

Zijn enkel is dubbelgeklapt.

Het doet heel erg pijn.

Sjaak wil hem overeind helpen.

'Niet doen!' zegt Tom.

'Misschien is hij gebroken!'

'Ik ga Gijs wel even halen,' zegt Ruben.

Weg rent hij.

Even later is hij terug met Gijs.

Gijs knielt neer naast Rik.

'Mag ik even kijken?' zegt Gijs.

'Ik zal nergens aankomen.'

Rik snikt en knikt van ja.

'Ik maak even je schoen los,' zegt Gijs.

'Dat kan misschien even pijn doen.'

Gijs trekt Riks schoen uit.

Hij schuift de sok van zijn voet.

'Moet je kijken!' zegt Sjaak.

'Rik heeft zó'n ei op zijn been!'
'Valt best mee,' zegt Tom.
'Beweeg je tenen eens,' zegt Gijs.
'Lukt dat?'
Het lukt.
'Je enkel is niet gebroken,' zegt Gijs.
'Er zit alleen een flinke bult op.'
'Kan ik morgen wel voetballen?' vraagt Rik.
'We zullen zien,' zegt Gijs.
Nee dus, denkt Rik.
Gijs moet ja zeggen.
Tuurlijk kun jij voetballen.
Dat moet Gijs zeggen.
Dat stomme spel ook.
Waarom is hij niet net als Bart op zijn bed
gaan liggen?
Ze hebben de hele dag gevoetbald.
Dan ben je moe.
Dan gebeuren zulke ongelukken.
Nu is het toernooi voor hem voorbij.
'Ik wil naar huis,' zegt Rik.
'Ben je gek,' zegt Gijs.
'We kunnen je niet missen.'
'We staan bijna bovenaan,' zegt Tom.

'We kunnen nog makkelijk eerste worden!'
Zonder mij, denkt Rik.
Zijn enkel doet veel te veel pijn.
Dat is morgen niet over.
Rik heeft zin om heel hard te huilen.
Hus!
Hij heeft Hus nodig.
Zachte, lieve Hus.
Waar is Hus?
Hus ligt in zijn tas.
Weggestopt in een hoek.
Zal hij Tom vragen Hus te gaan halen?
Straks misschien.
Als de anderen er niet bij zijn.

Hortsik!

Rik steunt op Gijs.
Op één been hinkt hij de jeugdherberg in.
Tom houdt zijn schoen vast.
Ruben doet een sirene na.
Het meisje komt achter de balie vandaan.
'Zal ik eens kijken?' vraagt ze.
Masja heet ze.
Ze is werkstudent.
Ze leert voor arts.
Rik gaat op een stoel zitten.
Masja onderzoekt de voet.
De jongens van Riks elftal kijken mee.
'Je moet er een kusje op geven!' zegt Ruben.
'Dan is het meteen over.'
'Ik zal jou een kusje geven!' zegt Masja.
Ruben doet meteen een stap naar achter.
Masja gaat door met haar onderzoek.
'Het valt alles mee,' zegt ze.
'Ik zal een ijsverband aanleggen.
Blijf zitten.'
Rik moet erom lachen.

Hij kan weinig anders dan blijven zitten.
Masja is gauw weer terug.
Ze doet een verband om Riks enkel.
'Denk je dat ik morgen kan voetballen?'
vraagt Rik.
'Misschien,' zegt Masja.
'Als je verder rustig aan doet.'
'Ik doe niks meer,' zegt Rik.
'Ik ga op mijn bed liggen.
Met mijn voet op een kussen.'
Samen met Hus.
Dat laatste zegt hij niet hardop.
Hij denkt het.
'Kun jij me de trap op tillen, Gijs?' vraagt
hij.
'Ga je niet mee pannenkoeken eten?' vraagt
Bart.
'Nee,' zegt Rik.
'Ik wil morgen mee kunnen doen.'
'Blijf je dan hier in je eentje?' vraagt Tom.
'Dat is toch niet leuk?
'Ik blijf bij je.
Ik hoef geen pannenkoek.'
'Mag ik dan de jouwe?' vraagt Bart.

'Vreetzak!' zegt Ruben.

'Waarom blijf jij niet bij Rik?

Jij hebt al een pannenkoek op.'

'Maar ze hebben er ook poffertjes!' zegt
Bart.

'Iedereen gaat mee,' zegt Gijs.

'Rik dus ook.

Hij mag op mijn rug!'

Masja helpt Rik opstappen.

'Hortsik!' zegt ze tegen Gijs.

Ze geeft hem een tikje op zijn kont.

Ze schrikt er zelf van.

Lieve Hus

Het is avond.
Rik ligt in bed.
Hij kan niet slapen.
Niet omdat hij pijn in zijn voet heeft.
Het gaat goed met zijn enkel.
Hij hoeft niet meer bij Gijs op zijn rug.
Hij kan morgen gewoon meedoen.
Rik draait zich om.
In het bed naast hem ligt Bart.
Bart ligt te smakken.
Zou hij dromen?
Dan droomt hij vast van eten.
Wat zat Bart weer te buffelen vanavond.
Eerst at hij zijn eigen pannenkoek op.
Een pannenkoek zo groot als een pizza.
Daarna at hij de restjes van de anderen op.
Een paar bedden verderop ligt Gijs.
Gijs ligt te snurken.
Eerst zachtjes, maar algauw steeds luider.
Vervelend hoor, vindt Rik.
Zie dan maar in slaap te vallen.

Rik duikt wat dieper in zijn slaapzak.
Misschien moet hij schaapjes gaan tellen.
Zou je daar echt van in slaap vallen?
Waarom moet je eigenlijk schaapjes tellen?
Waarom niet aapjes tellen?
Of vlooien tellen?
Rik draait zich nog maar eens op zijn andere zij.
Tellen is niks.
Hij kan beter de spelregels van klaverjassen doornemen.
Gijs heeft het hem vanavond geleerd.
Toen de anderen een wandeling maakten in het bos.
Rik mocht niet mee van Gijs.
'Je enkel heeft rust nodig.
Wij gaan kaarten, klaverjassen.
Dat doen echte voetballers ook op trainingskamp.'
Tom en Ruben wilden het ook wel leren.
Het is een heel moeilijk spel.
Je hebt gewone kaarten en troefkaarten.
Bij troef is de boer het hoogst.
En daarna de negen.

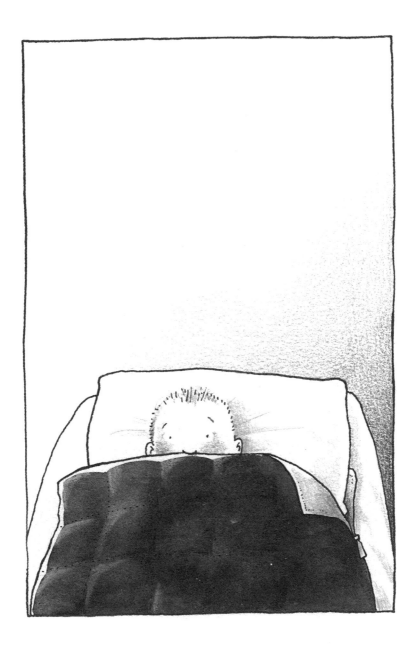

Die noem je de nel.

Welke kaart komt ook al weer daarna?

De aas of de tien?

Rik vergeet het kaartspel.

Hij denkt aan Hus.

Hus is de tas nog niet uit geweest.

Rik heeft hem niet nodig.

Vanmiddag, toen hij door zijn enkel ging, wel.

Nu kan hij zonder Hus.

Het is wel donker, maar niet eng.

En Rik heeft ook geen heimwee.

Hij heeft nog geen moment aan huis gedacht.

Sorry, papseflaps.

Sorry, mamseflams.

Zouden zij al slapen?

Of zouden zij ook wakker liggen?

Net als hij.

Misschien missen ze hem wel.

Misschien vragen ze zich af hoe het met hun zoon gaat.

Kon hij hun maar zeggen dat alles goed gaat.

Dat ze zich niet ongerust hoeven maken.

Dat ze gewoon kunnen gaan slapen.

Anders rusten ze niet goed uit.

En dan valt papa in slaap op zijn werk.

Of op weg naar zijn werk ...

In de auto ...

En dan raakt hij van de weg ...

En dan knalt hij tegen een boom ...

En dan ... en dan ...

Rik knijpt zijn ogen dicht.

'Nee,' fluistert hij.

'Nee, nee, nee!'

Rik voelt zijn hand uit zijn slaapzaak
glijden.

De hand verdwijnt in zijn tas.

Hij gaat op zoek naar Hus.

Lieve, zachte Hus.

Rik heeft Hus te pakken.

'Wees maar niet bang, Hus,' fluistert Rik.

'Ik ben bij je.

Papa ligt gewoon te slapen.

Papa knalt niet tegen een boom.

Het is morgen zondag.

En op zondag hoeft hij niet te werken.

Tenminste, meestal niet.

's Zondags gaan ze vaak naar oma.

En dan gaan ze op de fiets.

Op de fiets is niet gevaarlijk.

En bij oma is het leuk.

Dan drinken ze koffie.

En gaan ze kaarten.

Klaverjassen.

Ik kan ook klaverjassen.

Zal ik het jou ook leren?

De boer is het hoogst.

Bij troef dan.

Je kunt ook roem halen.'

Rik blijft tegen Hus praten.

Hij vertelt hem van zijn enkel.

Dat het bijna over is.

Van het zingen in de bus.

Wat GDA betekent.

Hoeveel pannenkoeken Bart heeft gegeten.

Dat je zo kunt lachen met Ruben.

Dat hij geen doelpunten heeft gemaakt.

Maar wel twee goeie voorzetten heeft
gegeven.

'Ik heb de bekers gezien, Hus.

Ze zijn mooi en heel groot!

We kunnen best nog winnen.

We staan tweede.
Hercules staat bovenaan.
Maar die pakken we morgen!
Let maar eens op.'
Rik praat en praat en praat.
Tot hij in slaap valt.
Met Hus in zijn armen en een glimlach op
zijn gezicht.

FC Knuffel

Rik is wakker.
Hij kijkt recht in de ogen van Hus.
Hus?
Hoe komt die nu hier?
Die zat toch in de tas?
Ineens weet Rik het weer.
Hij is met Hus in slaap gevallen.
Rik gaat rechtop zitten.
Het is al ochtend.
Maar nog heel vroeg.
Iedereen slaapt nog.
Gelukkig.
Niemand heeft Hus gezien.
Snel stopt Rik hem in de tas.
Dan staat hij op.
Hij moet naar de wc.
Hij kijkt naar Tom, in het bed boven hem.
Hé, kijk nou eens!
Wat steekt daar boven de slaapzak uit?
Dat is een knuffel.
Dat is een beer!

Die Tom!
Hij heeft ook zijn knuffel bij zich.
Net als hij!
Zal hij Toms beer onder de slaapzak
schuiven?
Zodat niemand anders de knuffel ziet?
Hij houdt zijn mond wel.
Rik kijkt om zich heen.
Niemand mag zien wat hij doet.
Dan ziet hij een bed verder weer een knuffel
liggen.
Bij Sjaak!
Sjaak met zijn grote mond.
Sjaak slaapt met een lappen muis.
Rik loopt de bedden langs.
Moet je zien!
Alle jongens slapen stiekem met een knuffel.
Ruben heeft een ijsbeer.
Bart heeft een varken.
Heel het elftal heeft een knuffel.
Er is een lange lijs bij.
Een dolfijn, een nijlpaard en een kip.
Opeens krijgt Rik een idee.
Hij haalt Hus onder zijn kussen vandaan.

'Hou je goed vast, Hus,' zegt hij.

Hij zet Hus op zijn schouder.

Dan klimt hij op een stoel.

Hij maakt een toeter van zijn handen.

'FC Knuffel, opstaan!' roept hij.

Hij roept het zo hard als hij kan.

'FC Knuffel, opstááááán!'

Een voor een worden de jongens wakker.

Wat staat Rik daar te roepen?

'FC Knuffel, opstaan?'

Ook Gijs wordt nu wakker.

'Wat gebeurt hier allemaal?' zegt hij.

Sjaak moffelt zijn lappen muis weg.

'Nergens voor nodig,' zegt Rik.

'Niemand hoeft zich te schamen.

Iedereen heeft een knuffel bij zich.'

'Ik niet,' zegt Gijs.

Hij kijkt er heel zielig bij.

Ruben staat op.

'Niet huilen, Gijs,' zegt hij.

'Je kunt van mij wel een knuffel lenen.

Ik heb twee lievelingsknuffels.

Ik kon niet kiezen.

En toen heb ik ze allebei maar meegenomen.

59

Zeg het maar, Gijs.

Welke wil je?'

Ruben houdt twee knuffels omhoog.

Gijs kiest het schaap.

Nu heeft iedereen een knuffel.

'Alle knuffels gaan straks mee naar het toernooi,' zegt Rik.

'En dan hangen we ze achter Tom in het doel.

Wedden dat we dan winnen?'

'En als we dan toch verliezen?' vraagt Ruben.

'Dan vreet ik de hoekvlag op!' belooft Bart.

'Met of zonder mosterd?' vraagt Ruben.

'Maakt me niet uit.'

'Jij vreet ook alles, hè?'

Iedereen lacht.

'Zullen we eerst gewoon ontbijten?' stelt Gijs voor.

Even later zit iedereen met een knuffel op schoot aan tafel.

'Watjes'

Het elftal van Rik komt het veld op.
In een mooi rijtje, als echte profs.
Tom, de keeper, loopt voorop.
Rik loopt ergens in het midden.
Tussen Bart en Sjaak.
Gijs sluit de rij.
Precies zoals het hoort.
Hoewel?
Welke speler neemt zijn knuffel mee het
veld op?
Dat doe je toch niet?
De jongens van GDA doen het wel!
Ze stellen zich naast elkaar op.
Ze zwaaien met hun knuffels naar het
publiek.
Sjaak zwaait met zijn lappen muis.
Ruben zwaait met zijn ijsbeer.
Bart met zijn varken.
Gijs met zijn geleende schaap.
En Rik zwaait met Hus.
Het elftal van Velox kijkt van een afstand

toe.

Velox is de tegenstander.

'Wat een watjes,' zegt de keeper van Velox.

'Dat wordt een makkie straks.

Die rollen we op.'

De spits van Velox knikt.

'Met een nulletje of tien,' zegt hij.

'Zeker weten!'

Rik verzamelt alle knuffels.

Hij speelt deze wedstrijd niet mee.

Hij moet van Gijs zijn enkel sparen.

Hij heeft nog een klein beetje last.

Vooral als hij voluit schiet.

Rik hangt de knuffels in het doel.

Hus krijgt een plek hoog in het net.

Dan kan hij het spel goed zien.

De wedstrijd begint.

Rik gaat in de dug-out zitten.

Hij neemt plaats naast de andere wissels.

Gijs is grensrechter.

'Zet hem op, FC Knuffel!' roept Rik.

Velox speelt sterk.

Vooral de voorhoede speelt goed.

Daar lopen een paar goeie spelers in.

Maar Bart kom je niet zomaar voorbij.
En dan is ook Tom er nog, de keeper.
Hij is niet van plan er één door te laten.
Hij moet de knuffels beschermen.
Tom heeft nog nooit zo goed gekeept.
Alle ballen stompt hij weg.
Hoge ballen, lage ballen.
Het maakt niet uit.
De spelers van Velox worden er gek van.
De bal wil er maar niet in.
Maar dan krijgen ze een strafschop.
Bart heeft hands gemaakt.
'Ik ving hem op met mijn borst!' roept Bart.
'En het was buiten de lijn!'
De scheidsrechter wil er niks van weten
Hij legt de bal op de stip.
Rik durft bijna niet te kijken.
De spits van Velox gaat hem nemen.
Hij legt de bal goed.
Hij neemt een aanloop …
Hij schiet …
En … knal!
Boven op de lat.
Hus valt naar beneden.

Het doel trilt ervan.

Maar het is geen doelpunt.

Rik staat te juichen.

Bart feliciteert Tom.

'Je kéék de bal op de lat,' zegt hij.

'Draai je om,' zegt Tom.

'De bal is nog in het spel.'

Sjaak heeft hem te pakken.

Hij begint aan een lange solo.

Wel vier spelers gaat hij voorbij.

Het doel van Velox is nog ver.

Wat moet hij doen?

Hij kijkt op.

De keeper staat ver voor zijn doel.

'Schieten, Sjaak!' roept Rik.

'Een lobje!

Over de keeper.'

Sjaak raakt de bal heel diep.

De bal vliegt omhoog.

Veel te hoog, lijkt het.

Maar de bal daalt precies op tijd.

Hij schampt de lat.

Aan de onderkant.

En vliegt dan het net in.

Doelpunt!
Het is 1-0 voor GDA.
Velox mag nog wel aftrappen.
Maar meer ook niet.
De scheidsrechter fluit.
Het is tijd.
De wedstrijd is voorbij.
De 'watjes' hebben gewonnen.
En de watjes blijven winnen.
Wedstrijd na wedstrijd.
'Gefeliciteerd, jongens!' zegt Gijs.
'We staan in de finale!'

Een gouden snoekduik

Het is druk langs de lijn.
Iedereen wil GDA zien spelen.
Dat rare elftal met de knuffels.
Ze spelen tegen Voorwaarts.
Voorwaarts heeft een goed elftal.
Ze hebben een sterk middenveld.
En een gevaarlijke spits.
'Die heeft aan één kans genoeg,' zegt Gijs.
'Dan moeten we hem die niet geven,' zegt
Ruben.
'Precies,' zegt Gijs.
'Dus jij dekt hem af.
Je loopt met hem mee.
Waar hij ook naartoe gaat.
Al gaat hij naar de plee!
Maar denk erom, we blijven voetballen.
We gaan dus niet lopen schoppen.
Oké?'
'Oké!' wordt er geroepen.
Gijs hangt de knuffels in het doel.
Hij hoeft niet te vlaggen.

De finale is met echte grensrechters.

De scheidsrechter fluit.

Gijs is net op tijd.

Hij hangt de laatste knuffel op.

'Zet hem op, jongens,' roept hij.

Hij gaat langs de zijlijn staan.

Vandaar geeft hij aanwijzingen.

Als een echte coach.

De wedstrijd begint nerveus.

Er wordt niet goed gespeeld.

Door beide elftallen niet.

Door GDA niet.

Door Voorwaarts niet.

Met de rust staat het nog steeds 0-0.

GDA heeft geen kans gehad.

Voorwaarts ook niet.

De gevaarlijke spits gelukkig ook niet.

Ruben hangt als een schaduw aan zijn lijf.

'We spelen een beetje laf,' zegt Gijs.

'Te verkrampt en te afwachtend.

Speel wat losser.

Durf wat meer.

Maar hou je koppie erbij!

Rik, gaat het met je enkel?'

Rik knikt.

Eerlijk gezegd voelt hij zijn enkel wel.

Maar hij wil voor geen goud wisselen.

Niet in de finale.

Dan maar een beetje pijn.

De tweede helft begint.

Het elftal van GDA speelt wat losser.

Maar Voorwaarts ook.

Het wordt een open strijd.

Over en weer komen er kansen.

Maar de doelpunten blijven nog uit.

Er wordt in een hoog tempo gespeeld.

Rik kan het bijna niet bijbenen.

Hij krijgt steeds meer last van zijn enkel.

Gijs ziet hem naar zijn voet grijpen.

'Gaat het nog, Rik?' vraagt hij.

'Anders moet je stoppen, hoor.'

Rik heeft daar helemaal geen zin in.

Hij heeft al genoeg langs de lijn gestaan.

Hij wil spelen.

Maar houdt hij het wel vol?

Elke stap doet hem pijn.

Niet aan denken, denkt Rik.

Het spel blijven volgen.

GDA is in de aanval.

Sjaak heeft de bal.

Rik gaat mee naar voren.

Sjaak passeert de linksback.

Hij dribbelt met de bal naar de achterlijn.

Rik staat in de dekking.

Hij moet los zien te komen.

Hij doet een paar stappen naar achter.

Hij steekt zijn rechterarm omhoog.

'Kom op, Sjaak.

Zet voor, die bal.

Ik sta vrij.'

Sjaak heeft Rik gezien.

Hij zet de bal voor.

Wat een rotbal.

De bal is te hoog om te schieten.

En te laag om te koppen.

Tenzij …

Rik neemt een snoekduik.

Hij is geen seconde te laat.

Zijn hoofd raakt de bal.

Pats!

Het is een gouden snoekduik.

De keeper heeft het nakijken.

De bal verdwijnt in het doel.

Hij zit!

Doelpunt!

Rik wordt van alle kanten besprongen.

Een bergje jongens ligt op het veld.

1-0!

Het staat 1-0 voor GDA!

Rik worstelt zich los.

Hij strompelt naar Gijs.

Hij springt in zijn armen.

'Prachtig, jongen!' zegt Gijs.

'Wat een doelpunt.'

'Ik kan niet meer,' zegt Rik.

Hij huilt van de pijn in zijn enkel.

Maar hij huilt nog meer van geluk!

Hij heeft gescoord.

In de finale!

Gijs houdt Rik aan de kant.

Hij zet een wisselspeler in.

Hij kiest voor een verdediger.

Rik volgt het spel.

GDA speelt goed nu.

Voorwaarts komt er niet aan te pas.

'Hoe lang is het nog, Gijs?' vraagt Rik.

'Vijf minuten,' zegt Gijs.

'Hooguit.'

Wat kunnen vijf minuten lang duren, zeg.

Maar ze gaan voorbij.

De scheidsrechter fluit voor het einde.

Ze zijn eerste geworden.

GDA heeft gewonnen.

Ze halen hun knuffels uit het doel.

Ze gaan op een rijtje naast elkaar staan.

Met hun gezicht naar de tribune.

De mensen klappen en juichen.

De voorzitter van UVV komt met de beker het veld op.

Gijs schuift Bart naar voren.

'Kom op, jij bent de aanvoerder,' zegt hij.

Bart schudt zijn hoofd.

Rik moet de beker aanpakken, vindt hij.

Hij heeft trouwens zijn handen vol aan een broodje kroket.

Waar hij dat nu weer vandaan heeft …

Rik stapt naar voren.

De voorzitter houdt een praatje.

Geef die beker nu maar, denkt Rik.

En eindelijk gebeurt het.

Rik legt Hus in de beker.
Hij pakt hem met beide handen beet.
Hij houdt de beker omhoog.
Het publiek juicht en klapt.
Ruben begint te zingen.
En iedereen zingt mee.
'FC Knuffel gaat nooit verloren.
 Knoop dat in je oren.
Van achter en van voren.'

Bies van Ede

De zeemeermin

De zus van Henk heeft een zeemeermin
gezien. Ze zwom in een meertje bij het gat in
de dijk. De mensen uit het dorp vangen haar.
Ze moet aan land komen wonen.
Niemand kan haar verstaan, behalve Henk.
Henk hoort haar praten in zijn hoofd.
Ze heeft zo'n heimwee en verdriet.
De zee is vlakbij.
Maar zal ze er ooit in terugkomen?

Ben Kuipers

Mijntjes kijker
Wat een naar joch is Walter!
Hij duwt.
Hij scheldt.
Hij slaat.
Wat een pestjong!
Maar Mijntje heeft een kijker.
Daarmee krijgt ze hem wel klein.
De hele wereld kan ze aan met
die kijker van haar!

Lees ook:

Jaap de Vries

Ridder Bob en de stippenbeker
Ridder Bob gaat naar het paleis.
Hij wil de koning om een opdracht vragen.
Hij zou graag een draak verslaan.
Of een mooie prinses redden.
Maar hij krijgt een stomme opdracht …
Hij moet een beker zoeken.
Een oranje beker, met witte stippen.
En als hij die vindt?
Dan mag hij met Groukje trouwen.
Groukje is de lelijkste prinses van het land …